LE
TESTAMENT SPIRITUEL

DE SA GRANDEUR

Mgr. Claude-Henri-Augustin PLANTIER

ÉVÊQUE DE NIMES

A MONTPELLIER

CHEZ LES LIBRAIRES CATHOLIQUES

—

A NIMES

LIBRAIRIE L. BÉDOT, PRÈS LA CATHÉDRALE

& chez tous les Libraires catholiques

M DCCC LXXV

AUX PRÊTRES & AUX FIDÈLES

DU DIOCÈSE DE NIMES

Hommage respectueux

de l'Éditeur,

✠ Fr.-M.-A. DE CABRIÈRES,
Évêque de Montpellier.

A Montpellier, ce 2 juin 1875
Fête de S. Pothin & de ses Compagnons, martyrs.

TANDIS que j'assistais, hier, à la douloureuse cérémonie des obsèques de Mgr. Plantier, je me répétais à moi-même les paroles célèbres, prononcées à côté de la couche, où Bossuet venait d'expirer : « Mon Dieu ! que de lumières éteintes ! & quel brillant flambeau de moins en votre Église ! » Le voilà maintenant silencieux pour toujours, Celui qui nous a si longtemps « nourris de la parole de vie » ; & sa mémoire seule nous donnera désormais des leçons !

La Providence divine est toutefois miséricordieuse ; elle a permis que la main si laborieuse & si vaillante de notre Évêque, avant de se reposer enfin des travaux incessants qu'elle avait poursuivis, pendant plus de quarante ans, pût tracer encore quelques pages, & que ces pages, précieuses pour nous à l'égal du Testament d'un père, fussent rendues plus précieuses, par l'incomparable grandeur de leur sujet.

Consacrée à la gloire du Sacré-Cœur & au pèlerinage de Paray-le-Monial, que Mgr. de Nimes songeait à faire, accompagné d'un grand nombre de ses prêtres & de ses fidèles, vers le 22 du mois de Juin, cette Lettre Pastorale était à peu près achevée, lorsque, le 19 Mai, j'eus l'honneur d'entretenir, pour la dernière fois, le

Père & le Maître, auprès de qui j'avais passé quatorze ans de ma vie. Mgr. Plantier me parla de ce travail; il n'avait plus, me dit-il, qu'à y ajouter quelques lignes. Ces lignes, hélas! ne seront jamais écrites. Mais l'œuvre n'en demeure pas moins; elle n'est pas seulement ébauchée; elle est complète.

Je ne crois pas devoir priver les oreilles pieuses d'entendre ce « chant du cygne », ou mieux encore cet hymne d'amour & de foi, en l'honneur de Jésus, de sa Bienheureuse Mère, & de la Sainte Visitandine de Paray. Si je tardais tant soit peu à rendre publique cette belle Lettre, il me semblerait que, dès le début, je vais trahir la mission, dont la bienveillance de Mgr. de Nimes a daigné m'investir, en associant mon nom à celui de ses trois autres héritiers & exécuteurs testamentaires. Le Diocèse, aujourd'hui cruellement attristé par la mort de son illustre Pontife, a droit à recevoir, par mon humble entremise, la seule consolation qui puisse le toucher, celle de lire tout ce que Mgr. Plantier destinait à être l'instruction, l'encouragement & la lumière de ses enfants bien-aimés.

Si Dieu m'en laisse le loisir & la force, pour obéir tout ensemble & au vœu de mon cœur & à la prière de mes amis, M. l'abbé Boucarut, le T.-R. P. d'Alzon & M. l'abbé Clastron, j'écrirai la *Vie* de celui qu'il m'a été donné d'étudier avec une attention vraiment filiale, & que j'ai connu, j'ose le dire, jusqu'au fond. Ces trois hommes de cœur, différents par l'âge et le caractère, semblables par le désintéressement et la piété, m'ont confié les nombreux documents, les lettres, les *souvenirs*, les fragments de *mémoires*, trouvés à l'Évêché, & qui appartiennent à la succession. J'espère que les personnes, attachées à notre Évêque, voudront bien me communiquer aussi quelques extraits des manuscrits ou des correspondances, dont elles peuvent avoir la possession; & ainsi, dans un avenir plus ou moins prochain, maintenant que Mgr. Plantier nous a quittés, j'achèverai l'œuvre, que j'avais commencée sous ses yeux, lorsque, en 1865, je publiai, en deux volumes, la seconde édition des Études sur les *Poètes Bibliques*. J'étais jeune alors; aujourd'hui, je commence à blanchir, & la charge épiscopale, plus encore que le temps, a courbé mes épaules. Mais il m'est doux, après ce long intervalle, de me retrouver fidèle au culte de la même admiration, respectueuse & tendre, envers le pontife, qui m'avait reçu des mains mourantes de Mgr. Cart, son vénéré prédécesseur, & qui ne m'a jamais refusé ni les conseils de son expérience, ni le solide appui de son dévouement.

En attendant que je puisse déposer, devant la châsse de la bienheureuse Marguerite-Marie, l'autographe même de cette admirable Lettre sur le pèlerinage à Paray-le-Monial; en attendant que je puisse placer ainsi sous la garde du Sacré-Cœur, en forme d'*ex-voto*, ces pages, — écrites à la veille de la mort, en caractères encore gracieux & délicats, mais déjà moins nets & moins fermes, parce que la plume allait échapper aux doigts qui la tenaient —, je suis heureux de les offrir à la famille spirituelle de Mgr. Plantier, au nom de ceux qui partagent avec moi l'honneur de connaître ses suprêmes volontés & d'interpréter ses intentions dernières.

Il nous a été dit expressément:

« Je supplie mes héritiers de bien faire savoir au Clergé & aux fidèles de mon diocèse, tous mes regrets, pour les imperfections & les fautes par lesquelles je peux les avoir scandalisés ou contristés, pendant le cours de mon épiscopat. Comment sous le fardeau si lourd qui pesait sur ma tête, ma faiblesse n'aurait-elle pas quelquefois succombé? Qu'ils prient Dieu dans sa justice de se souvenir du limon dont j'avais été pétri » (1).

J'accomplis, on le voit, par cette publication, un devoir sacré; j'obéis à un ordre formel, & si je parle seul, tandis que mes deux

---

(1) Voici le début de l'acte, dans lequel Monseigneur de Nimes a consigné ses suprêmes dispositions:

« Au nom de la Très-Sainte & Très-Auguste Trinité, moi, Claude-Henri-Augustin PLANTIER, évêque de Nimes, devant partir ce soir même pour amis, le P. d'Alzon & M. l'abbé Clastron, gardent un silence, qui leur est à la fois commandé par leur douleur & par leur position présente, qu'on ne me reproche point d'avoir si promptement élevé la voix : je me souviens de ce que disait Saint Bernard, alors qu'il se préparait à écrire la vie de Saint Malachie, évêque irlandais, mort & enseveli dans le monastère de Clairvaux.

« Ce ne nous est pas un soin superflu que de nous appliquer à
» ramener, en quelque manière, parmi les vivants, cet Évêque, cet
» homme vraiment saint, remarquable entre tous ceux de notre
» âge par sa sagesse & sa vertu singulières. C'était un flambeau
» ardent & brillant, la mort ne l'a pas éteint ; elle l'a seulement
» écarté de notre vue. Sommes-nous répréhensibles, si nous
» cherchons à le rapprocher de nos regards ?... Non ! cette obli-
» gation s'adresse au contraire à nous spécialement. Ne daignait-
» il pas nous compter au nombre de ses plus chers amis ? & le
» rang qu'il voulait bien nous accorder dans ses affections n'était-
» il pas égal ou supérieur à tout autre... Il a levé ses mains sur
» nos têtes, pour nous bénir ! Cette bénédiction est pour nous

aller faire mon quatrième pèlerinage au tombeau des Saints Apôtres, & déposer, une fois de plus, les hommages de ma piété filiale, avec les dons, les vœux & les respects de mon diocèse, aux pieds de Pie IX, Pape régnant & Pontife d'éternelle mémoire, prévoyant d'ailleurs que Dieu peut m'appeler à comparaître devant son tribunal, pendant ce long voyage, sans que je revoie jamais plus ma bonne ville épiscopale & l'excellent peuple, dont la garde spirituelle m'a été confiée ; — j'ai cru devoir arrêter comme il suit mes dernières volontés.

» 1º J'institue, à titre égal, mes héritiers universels : MM. Bouscarut & d'Alzon, mes vicaires généraux titulaires, M. l'abbé Anatole de Cabrières, mon vicaire général d'honneur, & M. l'abbé Thibon, mon secrétaire général. L'un de ces Messieurs ou plusieurs manquant, les autres resteront seuls mes héritiers universels. — Les mêmes seront mes exécuteurs testamentaires. — L'abbé Thibon étant mort, je le remplace, parmi mes héritiers, par M. l'abbé Clastron, devenu mon secrétaire général.

» Fait à Nimes, le trente mai de l'an de grâce mil huit cent soixante-sept, & revu le trois février mil huit cent soixante et douze ».

» maintenant une possession héréditaire! Comment demeurer
» muets à l'égard d'un homme aussi éminent? La vie des Saints
» est ici-bas le miroir, l'exemple, le ferment généreux des exis-
» tences trop souvent exposées à être ou communes ou vulgaires.
» L'heure propice pour célébrer les mérites des héros ou des
» saints, c'est l'heure où les saints sont plus rares, où le monde
» est plus pauvre en âmes viriles » (1). Si telle est notre époque, si
la sainteté & l'héroïsme, qui sont toujours des révélations excep-
tionnelles de la grandeur dont l'humanité est capable, ne se ren-
contrent pas fréquemment parmi nos contemporains, n'est-ce pas
rendre service à cette génération indifférente ou blasée, que de lui
signaler les vertus extraordinaires & le courage de ceux, que tant
de défaillances n'ont pas ébranlés, & qui se sont au contraire
montrés plus fermes & plus intrépides, précisément à cause de la
lâcheté des uns, & de l'indolence ou de la timidité des autres?

Puisse la voix de Mgr. Plantier, à présent qu'elle sort de la
tombe, n'être ni moins écoutée ni moins obéie que lorsque, de ses
lèvres frémissantes ou par le canal de ses savants écrits, elle arri-
vait à son diocèse & au monde catholique, toujours correcte,
toujours élégante, toujours persuasive & victorieuse! Nous serons
consolés de bien des tristesses, si nous parvenons à croire, sans
illusion ni témérité, que l'orateur éloquent, l'éminent écrivain
n'ont pas fini leur tâche, & que, même après sa mort, l'illustre
Évêque de Nimes continuera de commander à tous l'attention, le
respect & la plus humble déférence.

✠ Fr.-M.-A. de C.

(1) *Inter oppa S. Bernardi Claræval., in vit. S. Mal. præf. in fine.*

Claude-Henri-Augustin PLANTIER, par la Grace divine et l'Autorité du Saint-Siége apostolique, Évêque de Nimes, Assistant au Trône Pontifical,

Au Clergé & aux Fidèles de notre Diocèse,

Salut et Bénédiction en Notre-Seigneur Jésus-Christ.

'année dernière, nous nous étions promis, Nos très-chers Frères, d'inviter notre diocèse à faire, à Paray-le-Monial, un pèlerinage, digne de ceux qu'il avait déjà faits à Notre-Dame de Lourdes. Mais la Providence mit obstacle à l'exécution de notre dessein, en nous envoyant, à la suite de notre visite pastorale, cette grave maladie, à laquelle votre piété filiale voulut bien s'intéresser, d'une manière si touchante. Cette année, nous reprenons, avec l'espoir que les âmes de bonne volonté nous suivront en foule, les projets, antérieurement ajournés par la force des choses. Laissez-nous vous le dire, Nos très-chers Frères, certains souvenirs personnels

nous y ramènent par un charme irrésistible. Appartenant autrefois, comme prêtre, à la grande province de Lyon, dont Paray fait partie, notre respect, à cette époque, fut mis en un contact de tous les jours avec la mémoire de Marguerite-Marie, de son monastère, de ses visions & de la grande Dévotion, que Jésus lui confia le soin de prêcher & d'établir. En 1850, nous entendîmes le concile de Lyon, présidé par le Cardinal de Bonald, notre ancien maître & notre consécrateur, émettre un vœu public pour que cette Religieuse, déclarée déjà *Vénérable*, fût enfin béatifiée; les Pères de cette assemblée décidèrent en même temps que, pour se conformer aux traditions de piété, venues jusqu'à eux de Saint Irénée & de Saint Pothin, qui les tenaient eux-mêmes de Saint Polycarpe & de Saint Jean, le disciple bien-aimé, les Évêques, réunis dans l'église primatiale des Gaules, ne se sépareraient pas, sans avoir voué leurs diocèses au Sacré-Cœur de Jésus. Vieux Évêque, nous gardons précieusement toutes ces choses au fond de notre âme ; & nous serons trop heureux d'aller en raviver les impressions, & de vous les faire partager à vous-mêmes, Nos très-chers Frères, dans cette petite cité de la Bourgogne, où le Christ a fait tant de prodiges, pour l'honneur de la bienheureuse Marguerite, & pour sa gloire à Lui-même.

Mais nous n'insistons pas sur ce motif, qui nous est quelque peu particulier. Si nous vous convions chaleureusement, Nos très-chers Frères, à nous accompagner à Paray, c'est au nom de deux attraits, d'un intérêt général & profond : — Attrait de déférence filiale pour le Cœur de Marie ; — Attrait de haute & nécessaire réparation envers le Cœur de Jésus.

Trois circonstances providentielles ajouteront pour nous, cette année, au bonheur ordinaire de ce pèlerinage. C'est d'abord sa coïncidence approximative, avec le jour où Jésus-Christ apparut, avec son Cœur adorable, à la bienheureuse Marguerite-Marie (1).

....

(1) Ces lignes ont été écrites, le lundi, 24 mai, dans l'après-midi ; Monseigneur est mort, le mardi matin. — Les deux autres circonstances, qui n'ont pu être indiquées, sont très-probablement : l'anniversaire de l'*Election* de Pie IX, et la *Bénédiction solennelle* de la première pierre de l'Eglise du Sacré-Cœur, à Montmartre, par S. E. le Cardinal Guibert, Archevêque de Paris.

I.

Le premier attrait, qui nous incline vers Paray-le-Monial, est celui d'une filiale déférence pour le Cœur de Marie.

Quand l'océan sort de son repos, ses vagues ne se soulèvent pas d'elles-mêmes; elles ne s'agitent, que parce qu'elles sont mises en mouvement par une force, venue du dehors, ou partant de la profondeur des abîmes. Souvent même ces deux forces agissent en même temps; & quand la tempête de fond s'unit ainsi à la tempête extérieure, on le reconnaît aisément à l'immensité des flots, dont le courroux essaye d'ébranler le rivage des mers. Ainsi voit-on, de temps en temps, de vastes oscillations se produire parmi les peuples, que l'Écriture compare aux *grandes eaux*. Oscillations, parfois déréglées & coupables; mais, parfois aussi, régulières & saintes. Le peuple chrétien connaît lui-même ces fluctuations, légitimes & solennelles; & jamais peut-être plus que de nos jours, il n'en offrit le spectacle au monde. Voici plusieurs années que de larges & impétueux courants se sont mis à l'emporter vers les montagnes de la Salette, vers la grotte de Lourdes, vers tous les lieux illustres de pèlerinage, dédiés à Marie. Et maintenant, par une espèce de reflux non moins majestueux, voici qu'un courant nouveau précipite les foules du côté de Paray-le-Monial. On l'a vu visité, non-seulement par toutes les provinces de France, mais par la Belgique, la Hollande, la Grande-Bretagne. Tous les âges, toutes les fortunes, toutes les dignités, toutes les conditions sociales de ces diverses nations s'y sont confondues, dans une commune manifestation de foi; & grâce à la gloire, dont l'a couronnée la présence de ces multitudes, accourues vers elle de tous les points de l'espace, cette humble ville a pris une place royale, parmi les cités de Juda.

Notre diocèse, avec sa conscience toujours ouverte, comme une grande voile, aux souffles d'En-Haut, ne pouvait demeurer étranger aux pieux ébranlements, qui remuaient autour de lui tant de régions catholiques. Il est entré avec honneur dans le mouvement, qui conduit à Lourdes & à la Salette les enfants dévoués de Marie ; & l'on peut presque le dire, pendant un certain temps, il en a tenu la tête. Nous désirons à présent, & nous désirons avec ardeur, qu'il se mêle à celui des fidèles, que l'amour du Sacré-Cœur de Jésus entraîne à Paray. Et pourquoi ? C'est que, d'une part, Jésus a non-seulement sanctifié, mais provoqué, mais hautement encouragé les pèlerinages, en l'honneur de Marie. Il a permis à l'auguste Vierge d'apparaître, dans les Alpes & dans les Pyrénées, & d'y apparaître avec une certitude, capable de subjuguer les esprits les plus exigeants & les plus rebelles; Il a par là même invité la multitude des chrétiens à courir vers les monts privilégiés & vers les rochers bénis, où sa mère, courbant la hauteur des cieux, était venue, une fois de plus, se montrer sur la terre, & y marquer l'empreinte de ses pas. Pour rendre cet appel plus décisif, Il a multiplié, dans les mains de Marie, la puissance d'opérer des miracles, en faveur de ceux qui vont la visiter dans ces nouveaux sanctuaires. On dirait que, enivré du surcroît de beauté, que communique à la divine Vierge son titre d'*Immaculée*, Il ait voulu que les peuples accourussent à leur tour, avec un surcroît d'affluence & d'amour, glorifier cette grande prérogative de celle qui fut sa mère. Et pendant que par Lui les prodiges du dehors éclataient, pour produire ces manifestations salutaires, sa grâce agissait au-dedans sur les âmes, pour en rendre l'élan plus intime & plus profond; & c'est, en quelque manière, par le souffle de Jésus seul, qu'ont été poussées vers le trône de Marie ces ondes vivantes, que nous avons vues se dérouler des montagnes de l'Isère aux frontières de l'Espagne.

Pourquoi ne supposerions-nous pas à présent que Marie, toute proportion gardée, rend à Jésus, ce que Jésus a fait pour Marie ? Ce que nous allons dire, Nos très-chers Frères, nous le sentons bien, n'est qu'une pieuse conjecture; mais cette conjecture elle-même entre si profondément dans l'esprit & l'analogie de la foi, qu'elle nous paraît tenir de la certitude. Oui, pourquoi n'admettrions-nous pas que Marie, unie à Joseph, reporte, à cette heure, vers Paray, les foules, que Jésus a dirigées Lui-même sur Corps & sur Lourdes ? Est-il possible qu'il n'existe pas de l'un à l'autre une sainte émulation, un généreux échange de bons procédés &

de délicatesses ? Chaque jour, le Fils fait tant de choses, pour être agréable à sa mère; comment croire que la mère n'est pour rien, dans les grandes démonstrations, qui se proposent d'être agréables à son Fils ? Certes, sur la terre, le cœur du Fils & celui de la mère vécurent, pour ainsi parler, d'une seule & même vie. Celle-ci ressentit toutes les joies de Celui-là; mais elle en connut aussi toutes les souffrances. Le glaive de douleur qui, après avoir percé Jésus, l'atteignit Elle-même, en fit la reine des martyrs; & sa *compassion* reproduisit dans son âme, comme dans un miroir fidèle, les inénarrables tortures du divin Crucifié. Comment le cœur de Jésus souffre-t-il aujourd'hui, dans le repos de sa gloire ? Comment le cœur de Marie, qui en partage le bonheur, en partage-t-il aussi les tristesses ? Nous ne saurions le dire. Mais, ce qui est sûr, c'est que, même au sein des félicités éternelles, le cœur de Jésus éprouve des désolations immenses; ce qui n'est pas moins certain, c'est que le cœur de Marie est inondé des mêmes amertumes. Les mille formes de l'athéisme, de l'hérésie, de l'incrédulité, du blasphème, de l'indifférence & de l'immoralité, voilà tout autant de coups effroyables, qui frappent le cœur de Jésus, & s'en vont, par d'horribles contre-coups, retentir dans le cœur de Marie; là-haut, comme ici-bas, se vérifie la parole du vieillard Siméon : « Cet Enfant sera en butte à la contradiction » du monde. Vous-même, ô Marie, vous en aurez l'âme transper- » cée, comme par un glaive » (1). Dans cette communauté de douleurs, telle que le Ciel la comporte, il est évident que, si le Fils est touché de la commisération de sa mère, Marie n'est pas moins désireuse d'adoucir les angoisses de son Fils. C'est manifestement le besoin le plus impérieux de sa tendresse.

Ici-bas, elle jouissait avec délices de voir les hommages, décernés à son Enfant nouveau-né, par les bergers & par les Mages. Mais, en même temps, son amour attendri l'enveloppait de langes, pour Le protéger contre la dureté de la crèche & contre les rigueurs de la saison. Plus tard, pendant la passion, elle se présente à la tête des saintes femmes, pour Le consoler par ses larmes. Sur le Calvaire lui-même, elle se montre debout, au pied de la croix,

(1) Luc., II, 34, 35.

afin de soutenir & de soulager Jésus mourant, par le spectacle de sa propre constance. Dans la gloire, elle n'a ni moins de sensibilité pour s'émouvoir des outrages, faits à son Fils, ni moins d'empressement, pour adoucir les meurtrissures de son cœur blessé.

Ce n'est pas assez d'y mettre toutes les industries de son amour personnel; Elle multiplie les auxiliaires, destinés à la seconder dans cette grande tâche. Qui nous empêchera de dire que, Reine des âmes baptisées, investie du droit & du pouvoir de les inspirer & de les conduire, elle se sert de cet ascendant mystérieux, pour diriger aujourd'hui, vers Paray-le-Monial, celles qui se sont éprises d'une sainte passion pour le cœur de Jésus ? Est-ce que, dans ses desseins impénétrables, Dieu ne laisse pas les mauvais anges s'emparer quelquefois de l'esprit des peuples, & les conduire en aveugles aux dernières extrémités de la licence & de l'ignominie ? Ne donne-t-il pas aussi quelquefois aux bons anges la force & la mission de suggérer aux nations, abaissées & malades, des sentiments généreux & d'héroïques efforts, qui les ébranlent, les guérissent & les relèvent ? Estimerions-nous, par hasard, que Marie possède ici moins d'autorité, exerce moins de puissance, que le démon, dont Elle doit cependant broyer la tête, & que les Saints Anges, dont Elle est la souveraine ? Ne sait-Elle pas que, autant le cœur de Jésus est affligé par l'irréligion contemporaine, autant Il a soif d'être consolé ? Ne sait-Elle pas que c'est à Paray, que son Fils a révélé ce vœu brûlant de son âme ? Ne sait-Elle pas que c'est à Paray, qu'Il aime à recevoir de préférence les démonstrations publiques, destinées à calmer, comme des ondes rafraîchissantes, l'auguste plaie qui le dévore ? Et si Elle sait toutes ces choses, comment voulez-vous que son impulsion soit étrangère à ces innombrables pèlerinages, qui s'en vont porter à Paray tant de bannières, de chants, de réparations & de consécrations au cœur de Jésus, meurtri par les ingratitudes du monde ? N'est-il pas hors de doute que, dans le secret des âmes, sa voix les encourage, sa lumière les guide, son invisible main les pousse, & que ces imposantes manifestations de repentir & de foi sont une magnifique réponse, faite par la reconnaissance de Marie aux avances de son adorable Fils ?

Oui, Nos très-chers Frères, dans l'ordre naturel, c'est par l'influence de la lune, que la science a, jusqu'à ce jour, expliqué le flux & le reflux où se balancent les eaux de l'océan. Ainsi, dans l'ordre surnaturel, pouvons-nous dire que l'action de Marie, comparée par l'Écriture au bel astre des nuits : *Pulchra ut luna* (1), détermine, pour une grande part, ces mouvements populaires, supérieurs en majesté aux élévations de la mer, que le roi-prophète trouvait pourtant si admirables : *Mirabiles elationes maris* (2).

C'est Elle qui les soulève, en quelque façon, par la vertu de cette royauté dont Jésus l'a revêtue, vis-à-vis des âmes ; & mettant sa puissance au service de sa tendresse, Elle pourvoit à ce que ces grandes marées humaines, après avoir salué ses autels, s'en aillent s'incliner, avec plus d'amour & de respect, devant la croix de son Fils. Son cœur à Elle-même n'est pas un port où l'on s'arrête ; Elle veut qu'on pousse jusqu'au port, plus paisible & plus profond, creusé dans le cœur de Jésus par le fer de la lance. Pour que sa joie maternelle soit entière, il faut que nous ne passions par Lourdes que pour aboutir à Paray. Telle est la pensée, sous l'impression de laquelle, Nos très-chers Frères, nous entreprendrons tous notre prochain pèlerinage. Nous regarderons Marie comme nous l'ayant conseillé ; nous tiendrons pour certain que, en allant à Paray consoler le Cœur affligé de Jésus, nous remplirons de consolations immenses le Cœur de Marie, & nous répondrons au plus cher de ses vœux. Nous irons le lui dire à Lyon, dans son sanctuaire illustre & béni de Fourvières, la priant de nous protéger dans ce voyage, où nous voulons qu'Elle soit tout ensemble notre guide & notre introductrice auprès de son auguste Fils ; & nous ne voulons pas douter qu'Elle nous accordera cette grâce. Sa main nous présentera ; son crédit nous recommandera ; son amour enfin nous ménagera, dans le cœur de Jésus, comme en un palais divin, l'accueil le plus heureux & des places de choix, autour du trône d'honneur qu'elle y occupe Elle-même. Premier attrait qui nous porte vers Paray-le-Monial : celui d'une filiale déférence pour le cœur de Marie. — Second attrait, attrait de réparation envers le cœur de Jésus.

(1) Cant., VI, 9.
(2) Psalm., XCII, 6.

II.

Deux genres d'outrages ont été faits au cœur sacré de Jésus par l'impiété de notre temps : outrages indirects, dans l'une de ses servantes, j'allais dire l'une de ses épouses, les plus honorées ; outrages directs, s'adressant au cœur de Jésus lui-même.

Oui, Nos très-chers Frères, d'où vient la renommée de Paray-le-Monial? De la bienheureuse Marguerite-Marie Alacoque, dont il fut la seconde patrie, de sa vie & de ses vertus, dont il fut le théâtre, de ses reliques vénérées, dont il est resté dépositaire. Là, Jésus fit avec cette âme inconnue du monde la plus intime alliance. Elle apporta dans cette divine union le cœur le plus aimant & l'abnégation la plus absolue d'elle-même ; & Jésus, en retour, multiplia pour elle les gages de sa tendresse. Dans cet humble monastère de la Visitation, où elle s'était faite la captive volontaire du céleste Époux, on ne saurait dire les lumières, les transports, les extases, les tribulations intérieures & les maux corporels, dont Il daigna la combler, à la manière des Saints. Il y joignit l'honneur de plusieurs apparitions sensibles, accompagnées de révélations émouvantes. Il lui dévoila les souffrances de son cœur, désolé par l'ingratitude des indifférents & des impies ; Il lui exprima ensuite le désir que ce cœur fût consolé par une dévotion spéciale, par une solennité publique, dont il serait formellement l'objet. Il lui confia enfin la mission de travailler, selon la mesure de son influence, à faire entrer dans la religion du peuple chrétien la pensée & le commencement de ce culte réparateur. Voilà, dans ses linéaments essentiels, l'histoire de cette Religieuse, si hautement glorifiée dans notre siècle ; — histoire, constatée par des témoins irrécusables, racontée par des écrivains d'un sens judicieux & d'une critique aussi éclairée que sévère, contrôlée par des conciles provinciaux dignes d'un sérieux respect, vérifiée enfin par la sagesse à la fois clairvoyante & inexorable du Saint-Siége, qui s'est appuyé sur ce fondement, reconnu solide, pour élever Marguerite-Marie aux sublimes honneurs de la béatification.

Mais la *libre-pensée* en a parlé & jugé tout autrement. On ne pourrait redire les négations impertinentes, les insolentes moqueries & les parodies indécentes qu'elle s'est permises, vis-à-vis de cette angélique amante du Christ. Les malheureux ! eux qui ne veulent faire de Dieu qu'une froide hypothèse, ou qu'un être, vivant solitaire au sein d'un égoïsme altier & farouche, ils n'entendent rien aux saintes familiarités d'un céleste Époux avec les âmes privilégiées. Quand on regarde de près, avec un œil simple & droit, ce qui se passe dans leur intérieur, on voit s'y reproduire les scènes ravissantes & les ineffables dialogues du Cantique des cantiques. L'Époux traite ses épouses, avec la plus touchante condescendance ; à son cœur, divinement épris de la beauté qu'Il leur a faite, il n'est ni abaissement ni complaisance qui coûte. Il leur prodigue les noms les plus tendres, les qualifications les plus délicates, les encouragements les plus flatteurs, les confidences les plus intimes, les jalousies les plus exigeantes & les plus glorieuses ! De son côté, l'épouse est admise aux saintes hardiesses de l'affection, de l'épanchement, de l'abandon, de la plainte, de l'interrogation, nous oserions presque dire : de la curiosité. L'un & l'autre emploient, pour exprimer leurs impressions & leurs sentiments réciproques, les images les plus riantes, les comparaisons les plus gracieuses, les types les plus embaumés ou les plus radieux que puissent fournir les magnificences de la nature. On se moque, dans le monde des faux sages, de ces phénomènes de la vie mystique ; on en a plaisanté pour Sainte Thérèse ; on n'en a pas moins plaisanté pour la bienheureuse Marguerite-Marie. Esprits soi-disant *forts*, & qui ne sont que téméraires ! Qui les a constitués arbitres des convenances divines ? Parce qu'ils ont le cœur sec, faudra-t-il que Jésus ne soit plus pour les âmes qu'un époux sans tendresse ? Pour que les délicatesses de son amour deviennent impossibles, suffira-t-il que l'homme animal soit impuissant à les comprendre ? Les dérisions de l'athéisme, vis-à-vis de la Providence, empêchent-elles Dieu de faire lever son soleil sur le creux des vallées comme sur la cime des montagnes ? Empêcheront-elles davantage, dans la grande famille des âmes baptisées, le Christ de chérir et de cultiver l'humble fleur de la prairie, avec le même intérêt que le cèdre du Liban ? Ne se plaît-il pas précisément à prendre ses délices avec ce qui est petit, obscur, anéanti, mais pur, aimant et généreux, pour braver et foudroyer les sceptiques dédains de l'orgueil? Oui, certes, et c'est pour rendre publiquement témoignage de notre foi à ces prédilections ineffables de l'Époux divin pour certaines âmes d'élite, que nous allons à Paray, voir, d'aussi près que possible, les lieux et les ombrages où Jésus daigna se montrer à la bienheureuse Marguerite. C'est sans doute une joie que nous prétendons nous procurer. Mais nos pensées doivent monter plus haut; pour avoir sa vraie portée, il faudra que notre pèlerinage ait une signification dogmatique. Il devra déclarer, avant tout, que nous admettons comme réelles, comme indubitables, les douces communications de Jésus avec l'âme de sa virginale amante; il devra déclarer ensuite que nous considérons ces augustes familiarités, ces affectueuses condescendances du Verbe Divin, comme s'étant produites à toutes les époques & comme pouvant se reproduire encore perpétuellement dans l'Église; il devra déclarer enfin que notre premier but est de consoler le cœur de Jésus des chagrins dont l'abreuve la libre-pensée, en niant ces merveilleuses effusions de sa tendresse envers celles de ses épouses, qui ont le mieux mérité de son amour.— Première réparation.— Autre réparation, s'adressant à la grandeur de la Bienheureuse.

Que l'on admette les faveurs miraculeuses, dont l'histoire assure que Marguerite Alacoque fut honorée, ce qu'elle fit pour le Sacré-Cœur de Jésus n'a plus rien qui ne semble facile & naturel; elle n'était plus qu'un instrument que Dieu faisait mouvoir; & sous une main pareille, quel instrument, si chétif qu'il pût être, ne deviendrait pas puissant? Mais en supprimant toutes ces grâces extraordinaires, comment expliquer l'audace & le succès de son entreprise? Ils repoussent le surnaturel, & ils seront forcés de lui attribuer du génie.

A la suite de visions, qui ne l'ont pas moins éclairée que ravie, elle se prend d'une sainte passion pour le cœur de Jésus. Elle déclare qu'il veut être honoré d'un culte spécial & qu'il le sera. Jusque là, dans l'Église, ce cœur béni n'avait été ni oublié, ni dédaigné; il avait reçu des hommages dans tous les siècles; mais l'humble fille de la Visitation demande pour ces honneurs une forme plus précise, une célébrité propre & particulière. Et quant à leur objet, il est bien entendu qu'ils s'adresseront, soit au cœur de Jésus pris dans le sens moral, soit à son cœur physique lui-même dans l'unité hypostatique du Verbe incarné. Après avoir réclamé ce culte, au nom de Jésus qui l'en a chargée, elle commence à le pratiquer la première, & à travailler de tous ses efforts à le propager autour d'elle. Les débuts en sont orageux ; d'ardentes controverses s'agitent autour de sa légitimité. De mauvaises plaisanteries s'unissent à de mauvaises raisons pour arrêter sa marche, chaque jour plus triomphante ; & le moment arrive bientôt où la fête du Sacré-Cœur, par décision du Saint-Siége, a pris place dans la grande chaîne des solennités catholiques.

Insultez maintenant, faux docteurs, raisonneurs superbes, insultez la pauvre enfant du cloître, qui donna le branle à ce glorieux mouvement ? La voyez-vous, douée d'un sens théologique supérieur, franchir les difficultés, où ses insolents contempteurs se brisent ? La voyez-vous, qui d'un bond s'élance, à travers l'immensité des ténèbres & des tempêtes, jusqu'à la solution que la polémique & l'Église doivent justifier un jour sur cette question, si haute tout ensemble & si délicate ? La voyez-vous qui, d'elle-même & sans autre maître que son céleste Époux, adore le cœur de Jésus, avec une sorte d'ivresse, mais l'adore sans le séparer de l'humanité sainte, dont il est l'organe principal, ni de la personne du Christ Jésus, qui le couvre de sa divinité ? Y a-t-il place, en tout cela, pour une idolâtrie quelconque ? Signalez, si vous le pouvez, un seul écueil, contre lequel se soit heurté le pied de cette « visionnaire » ? Et s'il n'en est point, si le triomphe du bon sens et l'infaillibilité de Rome ont fini par lui donner pleinement raison, comment appellerez-vous cette « rêveuse », cette « fanatique de l'amour divin », qui, dans ses prétendues hallucinations, reste immuablement fixée au centre de la vérité dogmatique, & dont les vues ont l'étrange fortune d'être acceptées par la catholicité tout entière ? Au lieu d'une insensée, n'est-elle pas un prodige ? & n'est-il pas juste que nous allions lui faire une solennelle réparation d'honneur, pour les injures & les mépris, prodigués par les libres-penseurs à la solidité suprême de ses lumières sur la légitimité du culte public, réclamé par elle pour le Sacré-Cœur ?

La supériorité de sa clairvoyance n'est pas moins remarquable dans la part, faite par elle au cœur de Jésus, au centre de l'économie générale du catholicisme. Parce que, dans ses entretiens mystérieux avec cette âme sans tache, Jésus la ramène sans cesse à l'étude de son Cœur, elle s'y plonge avec une ardeur sans limite ! Dans ce foyer brûlant, elle puise un amour, chaque jour croissant, dont elle ne peut plus, à un moment donné, contenir les flammes, impatientes de toutes barrières. Elle ne dit pas une parole, elle n'écrit pas une ligne, où ce feu sacré ne déborde ; & cet embrasement progressif, qui l'envahit & la consume, tient à ce qu'elle a merveilleusement compris les royales fonctions du cœur, dans la vie de son céleste Époux. Foyer universel d'inspirations, foyer universel de sensations, voilà les deux grands abîmes qu'elle y découvre. — Foyer d'inspirations ! c'est de lui, comme de leur source, qu'ont jailli les abaissements de l'Incarnation, les sacrifices de la Rédemption, les merveilles de l'Eucharistie, la dispensation générale & particulière de la grâce, toutes les inventions enfin de la miséricorde. — Foyer de sensations ! c'est là que vont retentir & s'accumuler les blasphèmes de l'erreur, les brutalités de la force persécutrice, les coups de poignard du pharisaïsme hypocrite & perfide de tous les temps : — gouffres immenses, creusés l'un par la charité de Jésus, l'autre par les flèches de l'impie, ainsi que l'Époux voulut bien le révéler à sa fidèle servante. — Abîme d'amour, d'où jaillissent tous les biens ; — abîme de douleur, où la tristesse enfante l'indignation, qui à son tour fait éclater tous les maux & tous les châtiments. Abîmes d'amour & de douleur, entre lesquels l'âme de Marguerite flotte, éperdue jusqu'à l'extase & jusqu'au désespoir, tant ce qu'elle voit dans le premier lui paraît ravissant, tant ce qu'elle découvre dans le second lui semble désolant, pour ne pas dire effroyable.

Qu'on nous parle, après cela, d'idées fixes, de préoccupations maniaques, d'éblouissements nerveux, provoqués par la contemplation prolongée du même objet. N'est-ce pas pitié que d'expliquer de si grandes choses par de si misérables inepties ? Quand Jésus se transfigura sur le Thabor, quand son visage devint radieux comme le soleil, & sa tunique blanche comme la neige, ce simple rayon de la beauté divine, traversant dans le Maître le voile de la chair, ne suffit-il pas, pour ravir les disciples & pour justifier ce cri, parti

de la bouche de Pierre: *Il est bon d'être ici; dressons-y trois tentes* (1)!
Comme Catherine de Sienne, comme Gertrude, comme Thérèse, Marie Alacoque n'a-t-elle pas eu son Thabor? Le tabernacle, le cloître, le « bouquet de noisetiers » ne lui ont-ils pas fait entrevoir, au moins comme au travers d'une vapeur, ou dans le cristal d'un miroir, la beauté du céleste Époux? Et n'est-il pas évident que le charme de cette face adorée, délicieux avant-goût de la vision béatifique, a dû laisser, dans son esprit, une trace ineffaçable, & dans son cœur une impression, perpétuellement voisine d'une sainte ivresse? Idée nullement fixe, quoique toujours présente; contemplation assidue, mais où l'âme déconcerte les sens, au lieu d'en être dominée. Et pendant ces transports, & quand ils ont pris fin, l'intelligence de Marguerite-Marie reste en possession de la plus pure & de la plus ferme lumière. Trouvez, si vous le pouvez, une seule tache dans ce qu'elle a dit sur le Sacré-Cœur. N'a-t-elle pas fait l'analyse de ce cœur adorable, avec une sagacité, dont la justesse égale la profondeur? N'a-t-elle pas décrit, avec une précision souveraine, les fonctions de ce Cœur sacré, dans l'œuvre immense du Christ rédempteur? En invoquant pour ce cœur, meurtri par la malice des hommes, la création d'une solennité nouvelle, ne s'est-elle pas appuyée sur les motifs les plus raisonnables & les plus décisifs? La date même qu'elle a choisie pour cette fête, après l'octave du Saint-Sacrement, n'est-elle pas éminemment logique? Et ne convient-il pas de bénir & de glorifier la source, en remontant les fleuves de salut & de vie auxquels elle a donné naissance? Enfin, la Vierge de Paray n'a-t-elle pas, par un sens prophétique supérieur, esquissé les triomphes futurs de la grande dévotion qu'elle devait recommander? Et ne dirait-on pas qu'elle a salué par avance, & la consécration de la France au Sacré-Cœur par le Roi-martyr, & l'érection de l'immense Basilique, qui se prépare à couronner les hauteurs de Paris, sous le titre d'église du *vœu national*?

Avouons, Nos très-chers Frères, qu'il faut à la médecine athée & matérialiste une imbécillité, merveilleusement intrépide, pour attribuer à je ne sais quelles maladies, de si étonnantes

---

(1) Matth., XVII, 4.

lumières. Si vous désorganisez un instrument musical, c'est alors, n'est-ce pas, qu'il chantera ses mélodies avec un son plus pur, & une mesure plus régulière. De même, si une âme mystique a le cerveau troublé par le contre-coup de certaines infirmités physiques, c'est à ce moment qu'elle sera le plus éclairée sur les choses de Dieu & de la conscience. Bien portante, elle est stupide, malade, elle est illuminée. Toutes les sphères s'ouvrent pour elle, tous les voiles s'abaissent, tous les mystères s'évanouissent. En supposant que le Christ s'en mêle, vous lui attribuez une peine chimérique. Laissez donc agir le tempérament bizarre de cette bonne Religieuse de Paray ; il suffit à lui seul, pour lui donner la clé des merveilleuses révélations qu'elle doit faire au monde. Voilà bien ce rationalisme de nos jours, qui se dit très-fièrement : *la science*, & qui n'est au fond que la folie. O Verbe divin ! suprême illuminateur de ces âmes privilégiées. Vous êtes là, pour expliquer par vos saintes effusions, les merveilleuses clartés qui les inondent, & le sillage de lumière, qu'elles laisseront dans l'histoire de l'Église. Elles ont été pour la plupart, c'est vrai, martyres dans leurs sens; souvent leurs maux ont été de telle nature, que l'esprit de l'homme n'a pu ni les comprendre, ni en découvrir physiologiquement la cause. C'était, à y regarder de près, les faveurs miraculeuses, les grâces extraordinaires, dont Vous les combliez, qui provoquaient ces perturbations mystérieuses, dont leurs organes étaient atteints. Vous êtes allé même jusqu'à faire consister une partie de leur bonheur dans ces incompréhensibles souffrances. Mais ces souffrances mêmes n'étaient pas ce qui les éclairait ! Vous, ô Jésus ! Vous, soleil unique de justice & de vérité, vous communiquiez à vos épouses, les secrets qu'elles-mêmes apportaient à la terre ; & quand la fausse science refuse de vous reconnaître cette gloire, pour l'attribuer à des causes matérielles, elle se rend coupable du plus extravagant des blasphèmes.

C'est le cas, ou jamais, de s'écrier avec Fénelon, dans son admirable panégyrique de Sainte Thérèse : « Tais-toi, ô siècle, où ceux mêmes qui croient toutes les vérités de la religion, se piquent de rejeter sans examen, comme fables, toutes les merveilles que Dieu opère dans ses Saints. Je sais qu'il faut éprouver les esprits, pour voir s'ils sont de Dieu. A Dieu ne plaise que j'autorise une vaine crédulité pour de creuses visions ! Mais à Dieu ne plaise, que j'hésite dans la foi, quand Dieu se veut faire sentir ! Celui qui répandait d'en haut, comme par torrents, les dons miraculeux sur les premiers fidèles, en sorte qu'il fallait éviter la confusion parmi tant d'hommes inspirés (1), n'a-t-il pas promis de *répandre son Esprit sur toute chair* ? n'a-t-il pas dit : *je le verserai sur mes serviteurs et sur mes servantes* (2) ? Quoique les derniers temps ne soient pas aussi dignes que les premiers de ces célestes communications, faudra-t-il les croire impossibles ? La source en est-elle tarie ? Le ciel est-il fermé pour nous ? N'est-ce pas même l'indignité de ces derniers temps, qui rend ses grâces plus nécessaires, pour rallumer la foi & la charité presque éteintes ? »

« N'est-ce pas après ces siècles d'obscurcissement, où il n'y a aucune vision manifeste, que Dieu, pour ne se laisser jamais lui-même sans témoignage, doit ramener enfin sur la terre les merveilles des anciens jours ? Hé, où en est-on, si on n'ose plus, dans l'assemblée des enfants de Dieu, publier les dons de leur Père ? Pourquoi ces ris dédaigneux, hommes de peu de foi, quand on vous raconte ce que la main de Dieu a fait ? Malheur à cette sagesse charnelle, qui nous empêche de goûter ce qui est de l'Esprit-Saint ? Mais que dis-je ? notre raison est aussi faible que notre foi même. N'y a-t-il donc qu'à refuser de croire, pour s'ériger en esprit fort ? N'est-on pas aussi faible & aussi aveugle, en ne pouvant croire ce qui est, qu'en supposant ce qui n'est pas ? Le seul mot de miracle & de révélation vous choque, ô faibles esprits, qui ne savez pas combien Dieu est grand, & combien il aime à se communiquer aux simples avec simplicité ! Devenez simples, devenez petits, devenez enfants ; abaissez, abaissez-vous, âmes hautaines, si vous voulez entrer au royaume de Dieu (3). » C'est dans ce noble langage, Nos très-chers Frères, que Fénelon vengeait les outrages faits, indirectement au moins, au Christ Jésus par la négation des grâces extraordinaires qu'il avait accordées à sainte Thérèse, la grande réformatrice du Carmel. C'est ainsi qu'à notre tour, en nous rendant à Paray, nous devrons faire amende honorable au

---

(1) I. Cor., XIV, 26.
(2) Act. II, 17, 18.
(3) Fénelon, *Panég. de Sainte Thérèse :* 1re part. vers la fin.

Cœur-Sacré de Jésus, odieusement outragé par le persifflage de la libre-pensée, dans les faveurs privilégiées & les miraculeuses prérogatives dont il avait comblé, pour sa propre gloire, l'âme de Marie Alacoque, cette admirable fille de la Visitation.

Nous devrons y joindre une seconde réparation pour les outrages, qui sont allés & vont encore tous les jours directement l'atteindre.

III.

Dans l'acte de consécration que vient de nous adresser le Saint-Siége, Nos TRÈS-CHERS FRÈRES, on nous indique plusieurs blessures, faites au Cœur de Jésus par la malice de notre époque, & qu'on signale comme de préférence aux gémissements & aux réparations de notre amour. La première est celle qui lui vient des âmes indifférentes; la seconde part de la haine de la vérité, qu'on nie, ou qu'on altère, ou que l'on diminue; la troisième a pour cause les tristesses, que procurent à l'Église & aux successeurs de Pierre je ne sais quel esprit funeste de transaction & de conciliation, aussi bien que les persécutions violentes, déchaînées contre l'Épouse du Christ par des gouvernements apostats, usurpateurs & tyranniques; la dernière est due à l'obscurcissement & à l'insensibilité de la conscience chrétienne, qui ne sait plus comprendre ni l'horreur des iniquités dont nous sommes témoins, ni concevoir l'indignation avec laquelle nous devrions les foudroyer. Ces plaies, dans le cœur du divin Maître, sont saignantes & profondes; & notre devoir est de les couvrir de nos baisers les plus respectueux, de nos larmes les plus filiales, pour les adoucir au moins si ce n'est pas pour les cicatriser. Nous n'insistons pas, tant cette obligation nous paraît se recommander par elle-même & sans aucun commentaire.

Mais, à l'heure où nous sommes, nous devons vous signaler, de préférence à tout le reste, une meurtrissure, faite au cœur de Jésus par une révoltante hypocrisie de patriotisme. Oui, Nos TRÈS-CHERS FRÈRES, hâtons-nous de le proclamer, il est un patriotisme vrai, sincère, loyal, mais en même temps intelligent & chrétien, dont les vœux embrasés aspirent à sauver & à guérir la France. Il y consacre toutes les forces & toutes les ressources, dont il dispose; sa parole, s'il est orateur; sa plume, s'il est écrivain; son expérience & son autorité, s'il est homme d'État; sa fortune & son travail, s'il est industriel ou commerçant : en lui, tout est mis au service de cette grande cause. Mais parce que la tâche est difficile, & qu'il voit chaque jour éclater davantage l'impuissance des lumières & de la sagesse humaines à l'accomplir, alors il va demander au ciel ce que la terre est maintenant incapable de lui donner. C'est de là qu'est sorti ce noble mouvement, par lequel tant d'âmes délicates se sont retournées du côté du Sacré-Cœur & de Paray-le-Monial. De là, le corps des volontaires de l'Ouest, vaillante & pieuse légion qui, sous l'étendard du Sacré-Cœur, soutint avec tant d'héroïsme l'honneur de nos armées en déroute, & dont un officier supérieur, enfant de notre diocèse, inaugura son commandement par une proclamation, désormais immortelle (1). De là, la généreuse idée de ces membres courageux de notre Assemblée nationale, qui s'en vont déposer au tombeau de la Bienheureuse, une brillante oriflamme, déclarant par les symboles dont elle est ornée, que la France ne se relèvera jamais, si elle ne reprend Jésus pour Maître, & le Décalogue pour règle de ses mœurs comme de sa politique. De là enfin, comme ce magnifique projet de l'Église, qui doit être bâtie sur le plateau de Montmartre : église qui sera dédiée au Sacré-Cœur, & se présentera devant l'avenir comme le fruit & le monument d'un *vœu national*. Voilà le premier & le vrai patriotisme.

Mais entendez-vous comment le traitent les docteurs, les humanistes, les folliculaires de la *libre-pensée* & de la révolution ! Ces démonstrations, de quelques apparences qu'on les couvre, ne sont, disent-ils, au fond que des conspirations politiques. On va demander au Sacré-Cœur & pour la France & pour d'autres nations européennes, le renversement de ce qui est, le retour de ce qui

(1) Le colonel d'Albiousse, d'Uzès. — Poitiers, 16 décembre 1870. — Aux funérailles de Mgr. de Nimes, le colonel d'Albiousse était à côté du P. d'Alzon, pour accompagner le cercueil; le vaillant soldat ne pouvait oublier les affectueuses relations qui l'avaient toujours uni à son Évêque, & dont cette allusion, dans le Mandement d'*Outre-tombe,* est une preuve si touchante.

n'est plus & de ce que les peuples ont repoussé pour toujours. Savent-ils bien ce qu'ils disent ces farouches accusateurs? Ont-ils lu dans l'âme de ces pèlerins les intentions qui les animent? Et après tout, quand ces pieux chrétiens auraient quelque chose des sentiments qu'on leur prête, seraient-ils donc si insensés ou si coupables? Prier le Sacré-Cœur de refuser ou d'accorder aux anarchistes le gouvernail des États, n'est-ce pas aussi légitime, que d'implorer de Dieu l'éloignement d'un fléau? Ne serait-ce pas faire acte du plus intelligent patriotisme? Et quand surtout ils ne publient pas leur pensée sur les toits, quand ils en font un secret entre le Cœur de Jésus & le leur, qui donc, même parmi les *libres-penseurs*, a le droit de leur en demander raison? Est-ce que le mystère de la conscience humaine n'est pas inviolable, surtout pour ces faux sages qui disent si haut qu'elle est libre?

Ceci est bien misérable; voici qui l'est plus encore, & qui touche à l'odieux. N'a-t-on pas osé prétendre que Lourdes, Pontmain, Issoudun, Paray-le-Monial étaient comme les foyers & les grands anneaux d'une vaste franc-maçonnerie, organisée contre l'étranger? N'a-t-on pas ainsi transformé tous nos pèlerinages, en manœuvres politiques contre les ennemis de la patrie? N'a-t-on pas vu aussi par là des Français dénoncer, sans prétextes plausibles, d'autres Français à des gouvernements ombrageux, & s'exposer par cette félonie révoltante à créer des embarras terribles à leur pays qu'ils se vantent pourtant d'aimer? Patriotes sans patriotisme! Publicistes sans entrailles, comme sans loyauté! Ils imitent à leur façon ces vieux tyrans de la Rome impériale, qui faisaient consigner même les soupirs & noter même la pâleur des visages, comme un forfait digne d'exil & de mort. On ne veut pas que même la prière la plus discrète soit une arme permise aux pèlerins les plus inoffensifs; & quiconque se hasarde à croire que le Sacré-Cœur a le droit de prouver, quand il lui plaît, qu'il sait faire les *nations guérissables*; celui-là n'est, dit-on, qu'un imprudent, qui cherche à nous replonger dans de nouveaux désastres.

O Cœur sacré de Jésus! c'est ainsi que vos enfants, eux qui seuls ici-bas savent aimer les hommes & leur propre pays, sont représentés dans tous les siècles comme les ennemis de leur patrie & de tout le genre humain! C'est ainsi que Vous-même, ô Cœur mille fois béni, vous êtes déclaré par l'impie, déchu du pouvoir & de la mission de sauver les peuples en ruine. On ne pouvait vous outrager plus sensiblement, dans le fruit de votre sang & dans la dignité de vos prérogatives.

Humbles pèlerins de l'Occitanie, ô Jésus, nous porterons à Paray par notre présence & notre amour une double protestation, contre ce double attentat. Nous irons vous dire que, autant vous aimâtes Jérusalem, autant nous-mêmes nous nous efforçons d'aimer notre pays, & que notre joie serait au comble, si nous voyions l'Église réunir tous les Français sous l'abri de sa tendresse, comme la poule, à l'aspect de l'épervier, rassemble ses petits sous son aile. Nous ajouterons comme une consolation suprême, ô Sauveur immolé pour nous, ces belles paroles de l'un de vos adorateurs, le plus saintement passionnés. « Votre côté n'a été ouvert qu'afin que nous eussions tous une issue, pour entrer dans votre Cœur. Votre Cœur lui-même n'a été blessé qu'afin qu'en lui & en vous, comme en un port tranquille, nous puissions tous, particuliers & peuples, être protégés contre les tempêtes du dehors (1) ». A l'heure présente, le ciel est sombre ; de près comme de loin, se montrent, sous des formes sinistres, des signes précurseurs de l'orage. L'Église est la plus menacée par ces bruits sourds, qui grondent dans la profondeur de l'espace, mais les sociétés elles-mêmes seront rudement ébranlées par l'explosion des maux qu'ils annoncent. Alors, ô Cœur Sacré, dilatez à l'infini la plaie que vous a faite la lance, c'est-à-dire l'avenue, par laquelle on pénètre dans le creux du rocher vivant, qui est Vous-même : *Petra autem erat Christus* (2) !

Voici bientôt que la catholicité tout entière, à la suite de Pie IX & de ses Évêques, va passer par cette brèche, pour s'abriter dans les immenses replis de votre amour. Daignez, ô mon doux Sauveur, démêler, au milieu de ces foules sans nombre, les enfants de l'Église de Nimes, accourus au tombeau de la bienheureuse Marguerite, pour vous faire, comme à son appel, une solennelle réparation. Après nous avoir discernés, dans votre condescendance

---

(1) Ces paroles sont plutôt une paraphrase qu'une citation. Elles se rapportent, croyons-nous, à une strophe de l'hymne des premières vêpres de la fête du Sacré-Cœur.

affectueuse, veuillez nous donner dans votre sein une demeure permanente. Même lorsque nous aurons quitté Paray, faites que nous ne cessions jamais d'habiter un seul jour dans votre cœur adorable, afin que nous y puisions sans cesse, avec le bonheur de voir & de connaître votre volonté, la force de l'exécuter & d'arriver par cet accomplissement à la conquête de la gloire & des félicités du Ciel!

A CES CAUSES, & le Saint Nom de Dieu invoqué, nous avons arrêté & arrêtons ce qui suit : [*Cætera desiderantur, morte interrupta*]....

Montpellier, J. MARTEL aîné, imprimeur de Mgr. l'Évêque.

www.ingramcontent.com/pod-product-compliance
Lightning Source LLC
Chambersburg PA
CBHW060522050426
42451CB00009B/1118